하염없이 낮잠

김자흔 시집

시인동네 시인선 169 　　　　　　　　　　김자흔 시집

하염없이 낮잠

시인동네

시인의 말

수구초심

고향으로 돌아와 머리를 뉘었다.

2022년 2월

김자흔

차례

시인의 말

제1부

정족의 시촉 · 13
만져지지 않는 잠 · 14
사막의 신 · 16
빌려온 시간 · 18
장미의 묵시록 · 20
불확실한 시절 · 22
깊은 파면 · 24
의미겹겹의 층층 · 26
촛불 날개 · 28
죄 많은 판도라 상자 · 30
그러다가 뚝 멈춤 · 32
당나귀와 함께하는 시간 · 34
끝내 저울질 · 36
우린 진짜 바유였습니다 · 38
라테강의 동굴벽화 · 40

시대적인 별리 · 42

젖은 새가 와서 · 44

연애하는 태양 · 46

제2부

비밀스런 문 · 49

펠리 쿨라 · 50

봄날의 착란 · 52

새빨간 중심부엔 · 54

서로는 딱 좋게 · 56

다만 찔레 순 · 58

싹수 노란 사춘기 고양이 · 60

이기적인 장미 · 62

겹쳐지는 질문 · 64

파닥파닥 독감 · 66

작란하는 라디오 · 68

뱀과 고양이 안부 · 70

하염없이 낮잠 · 72

빨간 넥타이를 맨 고양이는 · 74

토토의 천국(Tot Le hero) · 76

날마다 핑퐁 게임 · 78

미안해진 봄 · 80

제3부

정당한 연애 · 83

팔월과 원의 둘레는 · 84

뜨거워서 파멸 · 86

누운 그림자 · 88

모네의 아침 · 90

그러고도 계절 · 92

미니멀한 내면 · 94

일방적 리뷰 · 96

쓰러졌다 일어선 봄 · 98
그런 후에 터지는 확진 · 100
리라 별자리 · 102
미투 혁명 展 · 104
베스트 수갑맨 · 106
안경도 혁명처럼 · 108
밥줄 · 110
혼자 하는 악수 · 112
어정쩡한 입 · 114

해설 생과 멸의 운명을 향한 따뜻한 눈길 · 115
 이정현(문학평론가)

제1부

정족의 시촉

그것은 순식간에 벌어진 뜨거운 시촉

그 이후에 닥치는 정적은 조용한 허리케인의 눈

정적 속에 활동하는 회오리같이

은밀하고 치밀하게
혹은 냉혹하게
다시 보면 더 뜨겁고 더 찰나적이게

한 가닥 검은 줄에 말려들게 한 늑대거미의
블랙홀 전술

팔월 어스름 고요한 약수터에 벌어진
신의 뜻에 따라

흑거미 명운은
끝장

만져지지 않는 잠

죽은 손가락이 만져졌다

잠자리에서 무심코 뻗은 손
머리맡의 차디찬 손가락

놀라 고개 돌려보니 손가락이 없다
죽은 손가락 촉감만이 선명하게 누워 있다

뭐지?
분명 죽은 내 손가락이었는데?

들어갈 때 있던 출구가 사라진 것처럼
갈팡질팡
대체 뭐가 잘못된 거야

뇌 회로마저 캄캄

난 갈 길이 바쁘다고요

누가 뭐랬니?

잠자리에 들려고 꿈꾸는 사람들

3번 출구로 나가 눈 떠보니
머리맡 자리에 걸리는 것은
아무것도 없어

사막의 신

어디에다 대놓고 말할 순 없어도
사막의 신들은 대개 그렇게 괴팍하게 굴어대지

숨길 곳을 숨기지 않는 것은 나쁜 것이 아니라네

생을 위해 나갔다가 생을 접고 돌아온 사람처럼
사막은 터널 기분을 내기 위해
모래무덤 아무 곳에나 발자국을 남겨놓지

우린 그것을 수수께끼라 부르진 못한다네

조각 난 사다리를 걸어놓고
사막의 모래 발자국을
꿰매고 꿰매고
또 꿰매서

낙타는 사막의 문을 열고 들어가지
사막은 위장된 것이 아니라 감춰진 것에 있다네

밖으로 드러나지 않은 도르래 노래를
우물 안에 가둬놓고
오이디푸스의 진실에 기대

바이
바이

스핑크스는 벼랑 아래 물속으로
부끄러운 몸을 날리지

빌려온 시간

우리는 빌려온 시간을 즐기지 못하지

가끔은 찾아오는 시간을 긍정시켜 보지만

기억이 점령당하는 시간엔
굽은 등도 펴지 못한다

빌려온 시간은 늘 서름해!

어제의 농담이 오늘의 기억을 자명시킬 수 없듯

전반적인 기억을 부릴 수 없는 건
마음대로 빌려온 시간 때문만은 아니다

굳이 이해할 수도 이해할 필요도 없이
줄 타는 곡예는 나직해서
이미 게거미의 전술로 숨어들었다

줄을 매면 즐거웠다거나
줄을 타면 신이 났다는 사실로
먼 기억을 불러들일 때

예측되지 않는 시간은 과거의 저장소로 돌아가고

빌려온 시간은 현재를 지나
미래를 통과해 나가 버렸다

장미의 묵시록

진실은 불행하였으므로 오히려 거짓 잠이 편안했다

언제 사라질지 모르는 위험한 노래와
평안함으로 오는 공포, 그리고 알려지지 않은
삶의 건너편,

진실이라는 가면에 떠밀려 대문 밖으로 나가보면

사방엔 온통 장미의 축제,
무섭도록 벌어진 장미의 축제,

곤경으로 누워 있던 묵시록은
진짜와 가짜 사이의 경계를 모호하게 지워놓고
거짓 속 축제를 즐겼다

저마다 얼굴이 넷이고 저마다 아흔아홉의 영혼이
돌이킬 수 없는 날개로
등에 기대왔다

이번엔 수면제가 그의 잠을
온전히 받아주었다

불확실한 시절

그 끝은 파멸이지

그러나 파멸로 인해 시간을 뛰어넘은 그를 만나
단테의 신곡 속으로 삐끗

셋째는 빨강, 네 번째는 보라,
그다음은 금빛,

그 풍경은 가장 완전하고 가장 아릿한 순수 물

그저 한 번의 바람으로 날개 돋친 비늘이 오톨도톨

아름다움은 때때로 폭력적이다

두 볼이 빵처럼 부풀었다가 일그러지는
광대버섯처럼
든든과 만만 그 사이의 막막함을 내려놓고
기억은 가볍게 소멸되어 간다

어둡고 둔한 부분이 아닌
풍경 없는 어정쩡한 시절이어서
한 번 더!

깊은 파면

너무 뜨거워서 우리는 죽은 생명이에요
어항에 담긴 화어(火魚)라고 할까요*

잊지 않으려고 죽은 시간을 보관하고 있어요
종이 위를 스쳐간 소리엔 지난한 시간이 머물러 있어요

검은 페이지를 걷는 시간이 나올 때면
어김없이 슬픔을 맞이하는 소리가 들려요

그 옛날 인신공양으로 처녀를 던졌다는 잉카의 우물이나
귀 잘라낸 고흐보다 더 차가운 귀머거리 고야의
어두운 연작 그림처럼

어제 읽은 문구는 언제 꺼질지 모르는
불길한 예감으로 가득 차 있어요

디아스포라를 겪고 있는 주변부의 목숨이랄까요

교미 끝낸 암사마귀가
수사마귀를 먹어치우듯이

바늘 잡고 풍선을 타고 있는 그림은
수시로 불길한 그림자를 불러들여요

그림 밖은 언제나 어두운 경계가 도사리고 있어요

깊은 파면이에요

---

*출처 불명의 노트 메모.

의미겹겹의 층층

너는 미래의 행성에서 나타났고
나는 지구의 현실에서 너를 발견했다

서로의 행성이 달라 충돌이다

그래도 찢겨진 눈꺼풀 치료는 해야지
푹 파인 안구 치료도 받아야지

그러나 또 네가 원한다면
살구나무 가지에 물 차오를 때 흔쾌히
널 보내줄 수도 있다

은근하게 조절된 빛처럼
미래 행성을 찾아나서든 다른 지구에 안주해 버리든
아침마다 벌어지는 우웅과 하악질에 반복되는
서로의 피로감

"내가 뭘 어쨌다고!"

내가 가장 실수한 일은 너를 주위 집 안에 들인 일
네가 가장 실수한 일은 나를 따라 집 안에 들어온 일

결국 불편한 서사로 엮어진 현실은
내가 네 미래를 끌어들였다는 것과
네가 내 현실을 받아들였다는 것

그러나 암흑에서 오는 시작처럼
오래된 책갈피에서 납작하게 눌려 발견된
바퀴벌레 몸피처럼
의도치 않은 불편이란 진실로 통하기도 한다

미래의 행성만큼이나 지구의 현실만큼이나
서로 다른 의미겹겹의 층층으로

촛불 날개

"저 위에 촛불이 빛의 날개를 벗고 있으니!"

고양이는 시선 가득한 촛불을 바라보았다

촛불이 죽었을 때 나비는 소스라치지 않았다

애야, 저것들은 불새란다
영원히 죽지 않지

나비는 불타버린 날개로
미미한 가장자리에서 흔들린다

넌 이젠 영원한 자유야

흔들림을 들키지 않으려고
나비는 촛불 위에서
가늘게 눈을 떴다

그러나 나비 날개는 자유의 한계를 뛰어넘지 못했다

가여운 나비!
그러니 촛불을 조심해야지

죄 많은 판도라 상자

맛도 구별 못하는 쓸모없는 아귀
묘하게 굴절된 웃음

비뚤어진 눈웃음은 가볍게 소멸되었다

죄와 친해질 생각이 없으므로
사적인 생각으로 죄를 만들고 죄를 잊었다가 또다시
죄를 꺼내들었다

벌은 기특하기도 하고 제법이기도 해서
죄란 죄는 죄다 판도라 상자 속에 담아두었다

머리 하나에
빨강 노랑 검정의
세 얼굴을 하고

피에 젖은 인간이
수금과 피리 소리를 들려주었다

빅뱅에 속한 빛의 세계와 암흑으로 가닿는
낮의 세계는 젖고 젖어 디오니스의 포도덩굴만
사방으로 뻗어 갔다

오늘은 십일월 첫 주 일요일
백주대낮에 적색 포도주나 마셔볼까

그러다가 뚝 멈춤

뜨거운 뱀이 지나간 자리에
뜨거운 혀가 피었다

쉿 쉿

유혹하는 혓바닥

—절대 유혹당하지 않을 거야
—왜?
—쉽게 무너지기 싫거든

나는 나이므로,

날카로운 발톱으로 새벽 찢는 법을 구사하진 않았으나,

꽁무니 벌침으로 꽃봉오리 찢는 법을 구사하진 않았으나,

새벽잠을 흔드는 하이 톤의 교성과

처절해지는 몸싸움

그러다 한순간

뚝
멈춤!

여름내 바글거리던
뜨거운 혀들이, 기를 쓰고 존재하던
뒤엉킨 아우성들이,
시월 끝자리로 오자
눈앞에서 싹 사라져 버렸다

처음부터 어떤 일도 없었단 듯
처연히,

당나귀와 함께하는 시간

우리 사이엔 어느덧 균열이 왔다

나는 조심스러운 터치로 너를 대하고
그런 내 의도를 너는
무관심으로 표시하는 것이다

바람에 할퀸 것처럼 순식간에 무슨 일이 일어났나

때론 그들을 파면시키기도 했고
때론 우리를 칭송받도록 허락하기도 했다

양 볼이 공처럼 부풀었다가 일그러지는
마음의 경고로 마르시아스는
사슴의 비어 있는 뼈에 구멍을 뚫고 바람을 넣어
피리를 불기 시작했다

마다스는 소복한 털이 자란 귀를 감추려 전전긍긍이고

보랏빛 모자를 쓴 아플론은 수금을 연주했다

칠흑 같은 어둠 속에 내려 쌓이는
무지개 눈보라

마두금 연주에 눈물 뚝뚝 흘리며
새끼에게 젖을 물리던 어미 낙타는
가장 희생적인 자극으로 모성애를 추월했다

그다음은 누구도 일러두려 하지 않았다

끝내 저울질

내밀한 너는 천 개의 언어로 들어가 있다

야생의 농도와 견딤을 배우는 시기와
캄캄함이 묻어 있는 눈먼 숲에도
너는 들어가 있다

한두 개만 먹어도 치사량에 도달하는
맹독버섯인 독우산광대버섯

내 안을 관통한 호기심이 치명적인 죽음을 불러내고
천사의 이미지와 항간에 숨어 있는 머뭇거림은
숨길 수 없는 생명을 저울질한다

―한번 용기를 내 보시던가요
―가져가 꿀꺽 드셔 보던가요

야생독버섯의 호기심은
배꼽 아래까지 간질간질 내려와 동시다발의

긴장에 정점을 찍어준다

무스카리아 이보테닉산으로
하나의 생명을 담보로 잡아놓고
끝내

우린 진짜 바유였습니다

거기 누구에요?

우린 약물에 취한 거예요
응당 수줍음 많은 은둔 형이었죠

고요 속에, 통통한 얼굴,
비밀리에, 넓은 이마, 큰 눈, 작은 코,

어머, 얼굴은 사자 같군요

말하자면, 그 짧은 시각, 그 작은 그늘 속에서,
서로는 격렬한 증오를 드러내며
침을 뱉고 할퀴어댔죠

나?
고양이?
야생독버섯? 팜므파탈?

속수무책으로 정의를 받아들이는 대신 어젯밤 진짜 이불 위에 오줌을 싸버렸죠 실제로는 시골 변소에 앉아 시원하게 소변을 눴는데요 노상 그랬다거나 때때로 그랬다거나 간혹 우주에서 온 외계인처럼 내게는 벙긋 웃는 듯도 보였죠 모두가 외계인 외계인 그것도 주렁주렁 매달린 혹덩이들로 다른 세상에 살다 온 사냥꾼 같았죠 낯선 계단 내려오는 소리는 사실은 내 망막의 형체가 발작으로 진행되는 과정이 될 수도 있겠다 싶었던 거죠

밤이면 오로라로 빛나는 눈 2.0

읽거나 말거나 나는 밤의 공원으로 가야 했습니다

무지개를 찾아 나섰다가 결국은
새장에 갇힌 까마귀가 진짜 파랑새였던 것을 깨닫기까지

우린 진짜 바유였습니다

라테강의 동굴벽화

동굴벽화는 완벽하게 연출되었다

마흔일곱의 화가 프리다 칼로 씨와
마흔넷의 내 어머니 김영자 씨는
죽음의 나이테를 들고
라테강으로 흘러들었다

죽음의 내기는 시작되었다

빙산의 지옥과 불길 위의 쇠기둥,

망자의 죄를 다루는 두루마리의 무게,

여기에 외눈박이 폴리페모스는
딱 한번 벗어놓은 시선을
동굴 밖으로 내놓았다

그러나 유혹하는 동시에 금지되는

아홉 번째 지옥문은 점점 좁아져

아케론강을 지나고 코키투스강을 지나고 플레게톤강을 지나고 스틱스강을 지나

마흔일곱의 멕시코 화가 프리다 칼로 씨와
마흔넷의 충청인 내 어머니 김영자 씨는
라테강 동굴로 흘러 들어가 벽화를 품어 안았다

완벽하게 연출된 동굴벽화였다

시대적인 별리

그러니까 이건 아주 먼 과거를 데려온 게 맞습니다

고생대부터 살아남은 은행잎부터 매머드와 암모나이트,
그리고 바퀴벌레까지

여기가 아닌
곤돌라에서 물고기 아가미가 버금거리면
나는 뮈라엘 바르베리가 지은
고슴도치의 우아함이나 기억해내겠죠

그 별리 사이에서
빨강을 좋아하는 이유가 분명하다면
그건 죄다 무의식일 겁니다

옳게 찾아드는 계절을 지워버리고
돌계단 단풍 모서리까지 몽땅 지워버리고
그리고 나면 길 위에 버려둔 공간 사이로 당신은
내 미래로 접어들겠죠

이렇게 소용 닿으려고 들고 나온 것처럼

어제는 시월 단풍에 아무 쓸모없어진 비닐우산으로
마로니에 가로수길 이끼 낀
자갈 속을 뒤적거리고 있었습니다

불안해져 이렇게라도 돌아선 별리를
기억해두고 싶었던 걸까요

다음 시대엔 지금의 과거는 미래의 현재가 돼 있을 겁니다

젖은 새가 와서

젖은 새가 내 머리맡에 와
눈을 감았다 떴다 하는
모습이 보였다

"그렇게 큰 눈으로 계속 깜빡거리면 어쩌려고?"

물기 젖은 새를 나무라는 말도
머리맡에서 들려왔다

나는 식은땀에 젖어 초저녁잠에서 깨났다

젖은 새가 커다란 눈을 떴다 감았다
계속 깜빡이면서
물기 젖은 눈으로 나를 내려다봤다

"그렇게 젖은 눈으로 계속 내려다보면 나더러 어쩌라고?"

나도 식은땀을 흘리며 젖은 새를 나무랐다

젖은 새가 감았다 떴다 하던 눈을
뜨지 않고 꾹 감아버렸다

키클롭스 눈이 불면으로 들어왔다

연애하는 태양

태양은 장미를 품었다
장미는 점점 뜨거워지는 입술을 물고 늘어졌다
태양은 부풀린 입술로 장미꽃 향기를 게워냈다

당신도 기억해?
만개한 장미넝쿨 아래서 당신도 내 입술을 훔쳤다는 걸?

태양은 뜨거운 장미꽃 입술에 데여 잉걸불로 흔들렸다

장미꽃 입술로 만개한 태양은 참지 못해 뜨거움을 토해냈다

장미는 태양의 입술을 물고 늘어졌고
태양은 뜨거운 넝쿨 아래서
장미꽃 입술을 전부 게워놓았다

제2부

비밀스런 문

물고기들이 숲으로 갔다

나무 사이로 마구 헤엄쳐 다녔다

숲속 돌멩이들은 물속의 자갈 같았다

자갈더미에서 물고기들이 비행을 시작했다

어제 아침은 어린 무 잎에서
벌레 한 마릴 잡았다

오늘은 그 벌레 한 마리가 자가 분화를 하면서
마구 화분 속을 날아다녔다

넌 참 꼬리가 길구나

몸 닫을 때 조심해야겠다

펠리 쿨라

실타래 공은 언제나 새끼고양이 편

새끼고양인 실타래 공처럼 부드러워
솜털 속에 발톱을 숨겨두었다

노랑과 빨강 그리고 까망의
발톱 고양이, 거기에 보태진 파랑과 오렌지와
진초록 섞인 자주색 발톱의 고양이

흰 목련 봉오리가 화들짝
부풀어 오르거나 말거나

지금 새끼고양인 털 바구니 속이 더 다급하다

그게 더 중요하단 걸 새끼고양이도 알고 있다

찰나에 숨겨둔 발톱으로 뛰어올라
실타래 공을 잡아채야 하거든

그것 봐!

고양이는 둥글어서
보름달 중심으로 둥글고 둥글어서
사랑스런 눈빛과 독수리 같은
눈빛의 공존이 고양이 하품으로
달아나기 전에

펠리 쿨라
어서 빨리 실타래 공을!

봄날의 착란

찬란한 봄날에,
암탉이 제가 낳은 알을 달고 다녔다

조금 우스웠다

찬란한 봄날에,
오동나무를 잘랐더니 싹이 나왔다

조금 무서웠다

"당장 내 알을 부화해라"
"당장 내 몸통을 살려내라"

암탉과 오동나무가 좀비 되어
서로를 쫓고 쫓아다녔다

잘린 오동나무에서 닭 알이 부화되고
암탉 날개에서 오동나무 가지가 나오고

이러다가 찬란한 이 봄날에
진짜 착란이 일어날지도 모르겠다고

늙은 좀비는
식은땀

뻘,
뻘,
뻘,

새빨간 중심부엔

초록의 중심부엔 뱀딸기가 살았다
뱀딸기 중심부엔 꽃뱀이 살았다

뱀딸기는 꽃뱀을 유혹했다
꽃뱀은 뱀딸기에 유혹 당했다

아이들은 뱀딸기를 먹지 않았다
뱀딸기는 뱀이 따먹었다

아이들은 찔레 순을 꺾어 먹었다
고추장에 찔레 순을 찍어 먹었다

뱀딸기는 초록의 중심부에 살고
꽃뱀은 뱀딸기의 중심부에 살았다

아이들은 뱀딸기를 먹지 않았다
뱀딸기는 뱀이 따먹었다

장독대 아래선 꽃뱀이 뱀딸기와 살았다
장독대 위에선 아이들이 찔레 순과 살았다

서로 무심히 나눠 살았다

서로는 딱 좋게

몰래 찾아온 이웃이 있다

안개 짙게 드리운 이른 아침이거나
그믐 달빛 아래 놓인 오밤중이거나

몰래 찾아온 이웃은
매혹적이기도 하고 불길하기도 하다
입술이며 터럭이며 숨소리까지
완벽한 블랙홀이다

뜨거운 블랙커피를 홀짝이는 새벽이나
한밤중 시집 사이를 뛰어오르는 일은 대단한 일이어서
블랙 이웃은 도도한 기지개를 켜며
비밀스러운 대화를 시도한다

"나도 커피 좀 하는 고양이라고요"
"나도 시 좀 아는 고양이라고요"

함께 커피를 홀짝이는 이웃은
이기적이어서 좋다

서로는 딱 좋게 입맞춤 한다

다만 찔레 순

찔레나무 가시덤불
틈새로 새로 발견한 붉고
오동통한 찔레 순

내가 먼저 봤으니 찔레 순은 내 차지

신이 나 가시덤불 속으로
손 밀어 넣다가

엄마얏!

독사 침 보글보글

나보다 먼저 발견한 뱀이
허연 침 잔뜩 발라놓았다

아가야, 내 꽃하고 네 꽃하고 바꾸자

한 묶음 진달래꽃으로 꾀여
아이 간을 빼먹었다는 문둥이 전설보다 더 무서운
독사 침에 슬금슬금 뒷걸음질

그러다 스르륵 따라와 발뒤꿈치 물어뜯는
독사 이빨에 놀라

소리개가 빙빙 높이 떴구나
높이 떴구나

싹수 노란 삼춘기 고양이

틀려도 괜찮아
무례해도 괜찮아

거미는 거미줄을 그어
참새를 걸어놓고
황조롱이는 걸린 참새 털을 뽑아
제 새끼를 키운다

이건 누구의 잘못도 아닌
참새가 방앗간 앞을 그냥 지나칠 수 없는
자연적 이치일 뿐

그렇게 나 잡수! 하고 실한 명태 걸어놨는데
어떻게 사양하겠냔 말은
싹수 노란 고양이 말씀

그 말에 힘입어 날라치기로 붕 떠서
살은 다 발라먹고

마지막엔 명태 대신 대롱대롱 허공에 매달려

쓰읍!

하는 짓은 악마,
하지만 또 미워할 수 없는 매력적인 존재인지라
멸종 안 되는 도둑 심보는
순리 거스르는 법을 알고 있다

누가 뭐라거나
싹수 노란 삼춘기 고양이라서

이기적인 장미

검붉은 장미는 태양의 속임수,
코웃음 한번 치면 유월이지

장미가 꽃의 여왕이란 말도 신의 속임수,
그냥 불쑥 던지는 엉터리 찬미에 불과하지

손에 쥐어지지 않는다고
잘난 이기심을 붉은 장미만 모르는 건 아닐 테고
고양이 발톱 같은 가시를 내밀고
호랑이 발톱도 이길 수 있다고 큰소리 치지만

여섯 개의 접시 위에 올라 자만 떠는
이천이십일만 꽃송이와
사랑 욕망 절정 기쁨 아름다움으로 포장된
여러 개의 꽃말조차도
새하얀 모순덩어리

유월의 초록 세상을 할퀴며 빳빳이 고개 쳐든

장미란 이름에
한순간의 이율배반도 없이
진저리 진저리

겹쳐지는 질문

말하는 거미가 있다고 쳐요
듣는 뻐꾸기가 있다고 쳐요
붉게 마중 나온 동백이 있다고 쳐요

(실제로 눈에 보이진 않지만)

꽃뱀은 예쁜 미늘을 달고 있어요
팜므파탈은 날카로운 눈을 뜨고 있어요
눈에 보이는 것만이 전부는 아니에요

겹쳐 질문하고
겹쳐 듣고 겹쳐 말하고
겹쳐 침묵하는
그 배경이 중요한 거예요

묘지는 달빛으로 가득 차 있어요
말똥버섯은 환각으로 날아다녀요
망태버섯은 나비 떼를 몰고 나왔어요

이것은 아주 없는 걸 말하는 게 아니에요
눈으로 확인되지 않는 것은 들리는 기억에 있다는 걸
말하고 있는 거예요
정말 아무것도 아닌
겹쳐져서 겹치게 되는 겹친 의미로 남겨지는 것만
말하고 있는 거예요

모기 넌 저리 갓!

파닥파닥 독감

파닥파닥 멸치 뛰어오르는 기억을 떨치려
지하도 계단을 내려서는데
유리 파편처럼 쩍쩍 이마에 금이 가기 시작했다

달려오는 전동차 앞에서 갈라지는 빗금을
우리 여섯 마리 고양이들 다이아몬드 이마에 가둬두고
얼른 전동차에 올랐다

고양이 눈동자 열두 개가 다글다글 모여들었다

엄마 왜 그래요
왜 쓸모없는 파편을 우리 이마에 가두냐고요

미안해 나도 모르겠다
머리가 깨질 것 같으니 니들이 이해해주면 좋겠다

신림역에서 강변역으로 가는
전동차 안

꽉꽉 들어찬 표정 없는 2호선 얼굴들이
파닥파닥 금 가는
내 이마 위로

두둥둥
떠다녔다

작란하는 라디오

독거미가 들앉았다면요
독버섯이 들앉았다면요
독사가 들앉았다면요

장난치는 도깨비도 들어 있다면요
수수께끼 스핑크스도 들어 있다면요

방망이로 두드리면 도깨비 소리가 나올까요
아침엔 네 발 점심엔 두 발 저녁엔 세 발
테벳 계곡의 스핑크스가 살아나올까요

(조금 비약으로 들어가서)

라디오란 무슨 물건인가요

빨갛고 뜨거운 접동새 울음인가요
차갑게 목도리 두른 푸른 뱀 질문인가요
홀딱벗고 홀딱벗고 검은등뻐꾸긴가요

(조금 더 비약으로 들어가서)

식욕 접은 뱀은 어느 동물인가 질문 있다고 말할까요
밤새 안경 가지고 노는 부엉이가 있다고 말 전할까요
없는 걸 있다고 발설하는 흰 장미가 있다고 알릴까요

두근두근 이상하고
두근두근 작란하는 라디오엔
진짜 무엇이 들어 있을까요

뱀과 고양이 안부

당신은 고양이 머릴 가졌다
나는 뱀의 눈을 가졌다

묘지엔 미라가 된 작은 새들이 날아다녔다
목 없는 닭들이 나를 쫓아왔다
방에 나는 잡혀 있었다
어둡고 샛노란 방이었다

내 머린 고양이고 태양이고 자웅동체여서……
네 눈동자는 달이고 집시고 무덤이어서……

달빛 신호를 받은 변덕스러운 참새가
잰걸음으로 다가와 말을 붙였다

"비밀을 말해봐"
"우리에게 필요한 것은 반성과 겸허함이야"

고양이가 대꾸했다

지혜로운 뱀은 어떤 참견에도 입을 열지 않았다

뱀과 고양이는 지금도
달빛 묘지에서 서로 잘 지내고 있다

하염없이 낮잠

고양인 주인 얼굴 따윈 곧바로 잊어버리지
그것이 고양이의 장점이라면 장점,

그렇다고 대충 아무거나 붙여둬선 안 되겠지만

사실 고양이는 식빵을 구우면서
골똘히 생각에 잠겨 있는 것이지

오늘은 오수를 되감는 시간,

나도 모르게 어느새 겨드랑이에 코를 박고 잠이 들지
그러니 날 좀 내버려 두지 그래

우린 할 일 없어 졸고 있는 게 아니거든

내 머릿속에 불쑥 떠오른 것은
나중 생각 따윈 바닥에 내려놓기로 한다는 거야

이봐 우리 이만 뒤돌아 달려 나갈까
말까

가만 있어봐 이러다 정들고 말겠어

날도 더우니 새털보다 좀 더 날래보자고!

빨간 넥타이를 맨 고양이는

이 세상 모든 고양이는 다 옳다
내 고양이는 더욱 그렇고

뚱뚱한 고양이는 검은색,
날씬한 고양이는 성스러운 금색,

이분법적으로 부정과 긍정을 구분 짓기도 하지만

주술적인 고양이는 이집트의 고양이고
현실적인 고양이는 그리스 고양이라고 말하는 건
틀림없는 오해다

어느 틀로 규정지을 수 없는 고양이는
단 한 번도 피조물이 아니었다

언제나 신적인 존재였어
이집트 달의 여신인 이시스와 바스테스는
그리스의 아르테미와 로마의 다이아나로

동시에 스며들었거든

단순해서 강렬하고 그 단순함에 이의를 제기하지 않는

그러므로 이 세상 모든 고양이는
다 옳다

특히
빨간 넥타이를 맨
고양이는

토토의 천국(Tot Le hero)*

세탁기 안에서 태어난 비둘기는
살짝 이질적인 비둘기

세탁기 안에서 아기 비둘기가 태어난 것은
아기 비둘기 기억이 아예 기억 창고 밖에서
서성였기 때문이다

다만 일이 그렇게 되어버린 것이다

그건 아기 비둘기만의 특징이어서
아빠 비둘기는 그럴 리가 없다

아기 비둘기는 둥근 잠이 몰려와
세탁기 안으로 떨어졌다

아침이면 아빠 비둘기는 문 뒤로 간다, 뻐꾹 뻐꾹 뻐뻐꾹

저녁이면 아빠 비둘기는 문 뒤에서 다시 나타난다, 뻐꾹 뻐

꾹 뻐뻐꾹

  아빠 비둘기는 뻐꾸기시계로 한 생명을 만드는 데
  십수 년이 걸렸다

  그래서 가끔은 비둘기 이름 대신 뻐꾸기로 살아가기도 한다

  내일은 바로 오늘의 그 시간
  세탁기 속에서 태어난 아기 비둘기는 다 늙어
  명랑한 석양 속으로 날아 들어간다
  살짝 이상한 날개를
  뻐꾸기 우편배달부 허리춤에 매달고

  뻐꾹 뻐꾹 뻐뻐꾹

―――――

*자코 반 도마엘(벨기에 감독).

날마다 핑퐁 게임

—왜 또 하악질이야?
—입 닫아!
—내가 뭘 어쨌다고?
—그 입 닫으랬지!

지르는 내 목소리에 지지 않고
똑같이 따라와선

배는 손대지 마
꼬리도 손대지 마 발등도 손대지 마
목 언저리와 등허리만 만져
내가 허락하는 곳만 만지라고

그러다 발칵 튀는 스카이 공처럼
내 무릎 품에서 뛰쳐나갔다

약 먹여주고 안구 치료해주고 뭉친 털 빗질해주고
온갖 성심 바치는 나는 뭐가 되냐 싶었다

(한숨 푹 쉬고) 내 참 기가 막혀서!
(버럭 쏘아대며) 뭘 상관이야?
(또 한숨 푹 쉬고) 넌 자기애가 너무 강해!
(버럭 더 쏘아대며) 그래서 뭐 어쩌라고?

한마디 붙이려다 허부터 찌르고 나오는
천상천하 유아독존 고양이 신화 앞에서
없는 꼬리 내리며 깨갱

미안해진 봄

내가 봤다고 믿었던 것은
아지랑이 타오르는 찔레 숲의 가시덤불

먼발치에선 빨강 노랑 보라

그리고 나선 팔랑 팔랑개비

여기선 춤추는 봄
저기선 노래하는 봄

한 발 뜀뛰기로 양 눈을 찡그리며 들어가다
발돋움이 매끄럽지 못해
잠시
삐긋,

안녕하세요, 고양이 아줌마?

미안해진 봄은 북북 머릴 긁적이네

제3부

정당한 연애
― 팔월 칸나에게

딴 연애가 있냐고 따지고 들었다가
애인에게 벼락같은 따귀를 얻어맞았습니다

네가 뭔데 날 때리냐며
뜨거운 골목길을 울고 다녔습니다

애인이 담벼락에 나를 밀어붙이고
사랑해 사랑해
키스를 퍼부었습니다

키스가 끝나길 기다려
나도 똑같이 애인 뺨에 손바닥 따귀를
벼락같이 올려줬습니다

팔월과 원의 둘레는

너는 단도직입적인 단순함을 지녔다

팔월의 원 둘레는 빙글빙글
천연색을 풍기며 달아나고

펑크 난 타이어나 물 새는 라디에이터처럼
용감한 건 아름답다

게다가 여기를 봐
바로 그거야

왼 주먹으로 선제공격!
오른 주먹을 올려붙여!

팔월의 음각들은 원의 둘레를 마구
흩뜨려 놓거나 마구 주물러
늘어뜨려 놓는다

원의 둥근 태도를 배우려고

나는 이리저리
빙글빙글

뜨거워서 파멸

 뜨거운 맨드라미와 살찐 암고양이와 붉은 독사에서 싸움꾼 수탉
 그리고 불볕 칸나

 뜨거운 독사 눈엔 검은 고양이 발톱이 이글이글

 검은 고양이 발톱엔 새빨간 맨드라미 볏이 번쩍

 새빨간 맨드라미 볏엔 수탉의 꽁지깃이 활활

 수탉의 꽁지깃은 팔월 칸나에 붙어 꼬끼오

 독사와 고양이와
 맨드라미와 칸나가
 동물적인 수탉의 느낌을 숨기고
 노골적으로

 파멸

파멸

그러다 에게해로
    풍덩

누운 그림자

가끔씩 찾아오는 그림자는 자못 불안하다

낮은 질문으로 섰다가 불온하게 다가온다

강요하지만 않는다면 말이야
예전에 그랬던 것처럼 버린 양심을 점령당해도
문제되진 않을 것 같아

다만 온실을 벗어나지 못한 어제의
머뭇거림은 제 그림자로 들어가 맞바람으로
다가올 필요는 있을 거 같다

―혼자 외롭지 않아?
―혼자 쓸쓸하지 않아?

낮은 중심에 귀 기울이는 그림자에
가만히 눈 열다가 바람 이는 저녁을 혼자의
그림자로 불러보다가

간밤에 떨어진 뇌우에 놀라
누운 그림자는
자못

모네의 아침

붉거나 노랗거나 원색의 자태를 뽐으며

양귀비가 깊다

아침 비에 젖은 모네의
그림 한 점

인사는 생략한 채
새빨간 파문으로 번지는 파노라마

카메라 앵글 바짝 당겨 수초의 빠른 필름 감기가 아닌
잠시 멈춰버린 듯

느리게 느리게 아주 느리게

양귀비 붉은 꽃 문이
착 착 착

초록은 이만치 내려두고

로드킬 없이 길 건넌
흐르는 수로에 원색의 영혼을
당당히

그러고도 계절

자신의 삶을 통째로 내놓았다
대체 뭐가 그리 급하다고!

개구리는 외눈을 찡긋거리며
한적한 도로로 나왔다가
차바퀴에 서둘러 목숨을 내주었다

입 안이 너무 캄캄하다

바람도 이상하군 그래
너무 쌩쌩해

위안과 위로라는 감춰둔 꽃말로 춤추던 양귀비만
새빨갛다 못해 검붉어져서
곧장 앞으로 나아갔다

그 와중에 로드킬 없이 무사히 도로 건넌 개구리는
찰랑 채워진 무논에서

당 당 당 목 놓아 짝을 부르고

어 어 어 이건 아닌데?

초록 부분을 다 지워내고 말 것 같은 양귀비는
초록을 게워내며
새빨갛게 파장을 그렸다

금계국 꽃이 노랗게 화를 내기 전까지

그러고도 아직 열흘을
더 남아

미니멀한 내면

내면에 문제야 있든 없든
네가 본다고 믿었던 것은 외면의 풍경

그늘이 앉았다 가는 젖은 숲과 젖은 숲 같은 것

어떻게 더 가야 하는지 모르지만
이렇게 솔직한 표현을 지적인 체념의 태도로 말할 때
내면은 날개 돋친 단어로
미니멀하다

단어 조합이야 이치에 맞든 안 맞든

흘러내린 고무줄은
다시 허리춤으로 올려 느슨한 부분에서
야무져 줘야지

그깟 놈의 살도
전부 내다버려 줘야지

암, 그래야 하고말고!

세상을 털어내고 의심을 털어내고 책무를 털어내고

그리고 손을 씻지, 하나 둘 셋
서른까지 세면서

일방적 리뷰

봄비는 나무와 숲의 관계 같은 것

서로의 부드러운 상호 작용 때문에 봄은 항상 돌아오고

발랄한 왈츠 같은 리듬에
찬비가 봄을 죽이며 내린다

다양한 지구의 기울기는 23. 5도,

내 안경은 또 어디론가 출타 중,

뾰족 가시는
본래 속해 있던 것과 전혀 달라
작년에 나온 가시는 또 다른 새로움의
시작으로,

큰 짐승들조차 겁내지 않는
네 개의 새끼발톱으로 자신을 꿋꿋이 지켜낼 수 있다고

믿는 고양이도,
초록 줄기에 붙인 가시만으로 온 초록 세상을
지배하고 있다고 자만 떠는
붉은 장미도,

생각은 오로지
그들만의 일방적인 리뷰로

쓰러졌다 일어선 봄

조금 앓았다

한때 명랑했던 생명

여기
반만 묻혀 있는 한 마리 노랑 고양이
죽어서야 제 몸 만지기를 허락했던
고양이는
외로워서 죽은 세계가
하도 외로워서

도로 사람 사는 마을로 찾아와
늙은 소나무 아래 두 손 두 발 가지런히
올려놓았다

다시 한 번 봐달라고
환한 봄볕 걸쳐진 소나무 언덕에 반쯤 묻힌 제 몸 보이며
조용하지만

분명한 어조로

고양이별에 문제가 발생하여 무지개다리 건너는 프로그램이 잠시 중지되었음을 알려 드립니다

그런 후에 터지는 확진

참 이질적인 조합이라니까!

젖은 고양이는 좁은 골목에서 뛰쳐나와 옆으로 휙!

진흙 비를 뒤집어쓰고도 결코 섹시하지 않은
붉은 장미는 양 볼을 부풀리다가
그만 하품이 터져버렸다

펑!

이봐! 나까지 하품 쏟아지려 하잖아

쏟아진다는 것은
폭죽 오토바이 바퀴가 터지는 바람과는 전혀
다른 관계야

그러니 이해되겠어?

이게 좀 우울한 사태란 것도?

아얏! 피를 찌르면서도
겸손한 일에 자신을 동참시키지 않는 장미는
전혀 부끄러워하지도 않아

진흙 비를 뒤집어쓰고도 결코 섹시하지 않은 붉은 장미의
양 볼이 몽땅 터져버리기 전에
우린 방문을 닫아걸고 터지는 하품을
좀 더 숨죽여야겠어

에잇! 이러다 우린 젖은 하품을 뚱땅 거리며
우울한 확진을 점점 더 멀리 퍼뜨리는 건 아닐까

리라 별자리

죽은 에우리디케가 리라를 불면서
오르페우스를 찾아 별자리에 올려주었다거나
공작이 흐르는 빙하에 젖꼭지 달린 눈을 씻어주었다거나
죽은 엄마가 살아 돌아와 삼나무 이불을 꿰매주었다 하는
꿈은

사실 우습긴 하지

이젠 이러한 꿈 따윈 믿고 싶지 않아 하면서도
그래도 또 한 번 꿈속으로 들어가
살아오신 엄마에게 죽은 반지를 끼워드리고
무덤에 태워드린 삼나무 이불을 도로 찾아와
엄마에게 덮어드리고

엄마는 또 아무렴 어떠냐 하시니
이게 또 우스운 얘기여서
엄마에게 새 반지를 해드려야지
엄마 위해 새 이불 집을 찾아 나서야지

음력 칠월 스무날
하룻밤 엄마 무덤에 누워 기꺼운 마음으로
엄마 생일을 리라 별자리에
올려 드리며 문득

미투 혁명 展

 깊고 깊은 숲속엔 아직 아무도 본 적 없는 성이 있다고 알려졌습니다 그곳엔 물레 돌리다 바늘에 찔린 공주가 백년 잠에 들었다고 했습니다 그 주위에는 찔레나무가 자라 사람들의 접근을 막았습니다 함부로 다가갈 수 없으므로 그 성은 점점 높고 견고해졌습니다

 펠리우스는 한 손에 빛나는 황금사과를 들고 유혹했다 "세상의 모든 권력과 명예를 네 손에 쥐어 줄게" 그러나 황금사과는 독사과였다 황금사과를 받아든 공주는 깊은 잠에 빠져들었다

 일곱 난장이가 들고 일어섰습니다 쿵쿵 찔레가시 나무를 찍어냈습니다 깊은 숲속 잠을 흔들어 깨웠습니다

 미투였다
 위드였다
 봇물이었다
 혁명이었다

님프가 하프를 연주했습니다

판도라 상자가 열렸습니다

봉인된 금기를 해제시켰습니다

베스트 수갑맨

그는 포승줄에 묶이고 나서야
자신도 공손해질 수 있음을 알아챘다

하기야 금방 알아채지 못했다 해도
상황이 두 손 공손히
그러모을 수밖에 없긴 했다

—양복과 포승줄
—베스트 수갑 맨
—굿 잡

폭설처럼 빛나는 은빛 수갑 찬 그를 보고
네티즌들은 이 한 장의 그림을 오래 기다렸다며
포승줄과 양복이 아주 잘 어울리는
흐뭇한 차림이라고 엄지를 치켜세웠다

(공손을 알아채기 전에)

그는 질문하는 여기자를 향해 레이저 눈빛을 쏘았고
그는 수사하는 검사 앞에서 웃는 팔짱을 꼈다
그는 네티즌을 공분시키는 데 충분한 자질이 있었다

―올해의 포토제닉

수갑 차고 포승줄에 묶인 그는
이제 마음먹은 대로 팔짱 낄 수도 없겠고
되는 대로 웃음 흘릴 수도 없겠지만

레이저 눈빛으로 자신의 포승줄은
끊어낼 수 있지 않을까
그런 의문이 잠깐 스치긴 했다

안경도 혁명처럼

내가 밤새 혁명을 꿈꾸는 사이
안경은 두 다리 움직여 바닥까지 내려갔다

아무래도 안경은
매일 반복되는 컴퓨터 모니터 활자에
멀미를 느낀 게 분명했다

아침에 일어나 보면
안경은 책상의자 아래에 뒤집어 누워 있었고
가끔은 다리 하나 접은 채로
조용히 벽면을 응시하고 있었다

또 어느 날엔
양다리 쭉 펴 들고 거실 바닥에서
혼곤히 잠들어 있기도 했다

모든 혁명은 한밤중에 일어난다는 사실을
안경도 이미 눈치로 알아채고 있었던 것일까

안경은 뭉쳐진 꼬리를 물고 나와
모니터 속 피로한 활자를 지워내는 일에
기꺼이 합류했을 것이다

혁명처럼 안경도 그랬을 것이다

캄캄한 고요 속에서
저 닮은 고양이 눈과 한데 어울려
한밤 내내 컴퓨터 작란을 벌였을 것이다

작란을 벌이다 멀미 나는 활자를
혁명처럼 기어코 전복시켰을 것이다

밥줄

항공기 내 밥줄을 대주지 못한
푸드 대표가 자신의 밥줄을 끊었다
타인의 한 끼 밥줄을 대주지 못한 대가로
자신의 목숨을 영영 끊어버렸다

타인 밥줄을 책임진 한 끼는 무서웠다

밥줄이란 그런 것이다

밥줄은 먹고 사는 문제여서
누구든 함부로 끊으면 안 되는 것이다

나도 그런 적 있다
갓 지은 밥은 한 가득인데 압력솥이 열리지 않아
여든 넘은 독거노인에게 들고 나가
도움을 요청했었다

밥줄이란 그런 것이다

밥줄은 목숨과 곧바로 직결되어서
아무라도 붙잡고 자신의 밥줄을
요청해야 하는 것이다

내 밥줄로 타인 목숨이 끊어지지 않도록
타인 밥줄로 내 목숨이 끊어지지 않도록
서로가 서로를 책임져줘야 하는 것이다

밥줄이란 그렇게 무섭고 거대한 것이다

혼자 하는 악수

그는 거울 볼 줄을 모른다
거울과 악수하는 법은 더욱 모른다

오른손을 내밀면 거울 속 왼손이 '내 손이오' 하고
왼손을 내밀면 거울 속 오른손이 '내 손이오' 하지만

그는 거울 밖 얼굴은 본인이 맞다 하면서
거울 속 얼굴은 본인이 아니라고 우긴다

거울과 악수한 적 없으니 거울을 모르고
거울을 모르니 거울 속 얼굴은 본인이 아니라고
세찬 도리질이다

거울 속 얼굴은 당신이 맞다고
틀림없는 당신이라고 주변 지인까지 나서서 짚어줘도
본인만 본인이 아니라고 우기니
거울 속 본인도 참으로 답답할 노릇이다

지금에 와선
하도 오래전 일이라 거울 자체를 모르고
그러니 거울 속 얼굴은 존재조차 없던 일이라며
그는 끝끝내 시치미로 오리발이다

어정쩡한 입

어정쩡하고 불확실한 시절이어서

전부 사라지고 말 것 같은 입

치명적인 부분에서 침묵하는 파장은 흰 마스크

결코,
내가 아는 게 다가 아닌
시대에서,

해결되지 않는 침묵은 서둘러
마스크 속으로 들어갔다

두 해의 생활은 코로나에 잠식돼버렸다

마스크는 결국 한 번밖에 시가 되지 못했다

해설

생과 멸의 운명을 향한 따뜻한 눈길

이정현(문학평론가)

> "여기
> 반만 묻혀 있는 한 마리 노랑 고양이
> 죽어서야 제 몸 만지기를 허락했던
> 고양이는
> 외로워서 죽은 세계가
> 하도 외로워서"
> ―「쓰러졌다 일어선 봄」에서

김자흔의 시집 『하염없이 낮잠』에 수록된 시들은, 내면의 소란에 무심한 시간을 응시한다. 시간의 속도는 상대적이다. 고통을 견디는 시간과 쾌감을 만끽하는 시간의 속도는 현저히 다르다. 또한, 시간은 모든 것을 덧없게 만든다. 인간은 나름의 의미를 부여하는 방식으로 시간의 속도와 깊이를 조절하고자 한다. 그러나 삶이 찰나에 불과하다는 사실을 망각하려는 노력은 늘 실패하고 만다. 이번 시집의 1부에는 시간 앞에서 패배할 수밖에 없었던 자들의 목소리가 담겨 있다. 시적 주체는 "가끔은 찾아오는 시간을 긍정시켜 보지만", "빌려온 시간은 현재를 지나/미래를 통과해 나가 버렸다"(「빌려온 시간」)고 말한다.

타인에게 전달되는 언어는 제대로 전달되지 못한 채 휘어진다. 사람들은 제각각의 확신 아래 자기만의 진실을 바라보며 서로 멀어진다. 그 과정에서 타인의 고통은 축소되고 약자의 목소리는 쉽게 묻힌다. 소외될 가능성을 두려워하는 자들은 불안과 공포에 쉽게 잠식되고 감각을 닫게 된다. 그러면서 진짜와 가짜는 뒤섞이고, 사람들은 "거짓 속 축제"에 익숙해진다. 이 난장 앞에서 시적 주체는 "진실은 불행하였으므로 오히려 거짓 잠이 편안했"(「장미의 묵시록」)다고 토로한다. 각자가 주장하는 진실은 오해와 폭력을 낳고, 누군가를 소외시킨다. 이 잔혹한 과정은 언제나 합리적인 질서로 포장된다. 그래서 이 시의 화자는 "무섭도록 벌어진 장미의 축제"와 "진실이라는 가면"을 거부하고 수면제를 택한다. 수면제의 힘을 빌려 진입한 잠의 세계에서, 시인은 시를 쓴다. 「장미의 묵시록」은 김자흔 시가 발원하는 지점을 보여준다.

진실은 불행하였으므로 오히려 거짓 잠이 편안했다

언제 사라질지 모르는 위험한 노래와
평안함으로 오는 공포, 그리고 알려지지 않은
삶의 건너편,

진실이라는 가면에 떠밀려 대문 밖으로 나가보면

사방엔 온통 장미의 축제,
무섭도록 벌어진 장미의 축제,

곤경으로 누워 있던 묵시록은
진짜와 가짜 사이의 경계를 모호하게 지워놓고
거짓 속 축제를 즐겼다

저마다 얼굴이 넷이고 저마다 아흔아홉의 영혼이
돌이킬 수 없는 날개로
등에 기대왔다

이번엔 수면제가 그의 잠을
온전히 받아주었다

—「장미의 묵시록」 전문

아름다운 꽃 아래 숨겨진 가시처럼, 장미의 축제는 기만적이다. 각기 다른 진실을 신봉하는 자들이 벌이는 축제는 지금 세계의 알레고리일 것이다. 주체는 "생을 위해 나갔다가 생을 접고 돌아온 사람처럼"(「사막의 신」) 과거의 기록, 혹은 잠과 꿈으로 향한다. 그 안에서 "예측되지 않는 시간"(「빌려온 시간」)의 흐름은 잠시 유예된다. 하지만 "잊지 않으려고 죽은 시간을 보관"한 "검은 페이지"를 넘기면 "어김없이 슬픔을 맞이하는 소리"(「깊은 파면」)가 들린다. 시적 주체가 확인하는 것은 시간의 파괴력을 망각한 채 소모와 탕진에 몰두하는 자들의 아우성이다. "거울과 악수하는 법"(「혼자 하는 악수」)을 모르는 자들은 계속 '자기부정'과 '자기애'의 악순환에 빠진다.

> 잊지 않으려고 죽은 시간을 보관하고 있어요
> 종이 위를 스쳐간 소리엔 지난한 시간이 머물러 있어요
>
> 검은 페이지를 걷는 시간이 나올 때면
> 어김없이 슬픔을 맞이하는 소리가 들려요
>
> 그 옛날 인신공양으로 처녀를 던졌다는 잉카의 우물이나
> 귀 잘라낸 고흐보다 더 차가운 귀머거리 고야의
> 어두운 연작 그림처럼
>
> 어제 읽은 문구는 언제 꺼질지 모르는
> 불길한 예감으로 가득 차 있어요
> ─「깊은 파면」 부분

거리를 두고 바라보면 세상의 온갖 작란(作亂)들은, 무의미한 팬터마임(pantomime)에 불과할 것이다. 아득바득 살아가는 모든 생명들은 이 세계에서 부질없이 사라질 운명을 지닌 객체에 불과하다. 시인은 작란의 풍경에서 눈을 돌려 다른 생명들을 응시한다. 그 대상은 그동안 김자흔 시인이 지속적으로 묘사했던 고양이, 물고기, 암탉, 꽃 등 동물과 식물, "고생대부터 살아남은 은행잎부터 매머드와 암모나이트,/그리고 바퀴벌레"(「시대적인 별리」) 등이다. 시인은 인간의 욕망과 질서로는 설명하기 어려운 자연의 움직임과 세계의 소음을 대비시킨다.

> 내가 봤다고 믿었던 것은
> 아지랑이 타오르는 찔레 숲의 가시덤불
>
> 먼발치에선 빨강 노랑 보라
>
> 그리고 나선 팔랑 팔랑개비
>
> 여기선 춤추는 봄
> 저기선 노래하는 봄
>
> 한 발 뜀뛰기로 양 눈을 찡그리며 들어가다

발돋움이 매끄럽지 못해

잠시

삐긋,

안녕하세요, 고양이 아줌마?

미안해진 봄은 북북 머릴 긁적이네
—「미안해진 봄」 전문

  2부에서 시인은 인간이 아닌 동물과 풍경을 주시한다. 2부의 시들은 붙잡을 수 없는 시간과 욕망에 침윤된 세상을 얘기하던 1부의 시들과 확연히 다르다. 고양이와 대화하고, 계절마다 변하는 식물들을 묘사하는 시인의 언어는 지극히 사변적이다. 사변적인 구어체로 구성된 시들은 느리고 목가적이다. 동물과 나누는 대화로 구성된 시들은 특정한 동물에게 지닌 시인의 애정을 대변한다. 인간이 아닌 다른 생명체의 존재를 부각하는 2부의 시들은 역설적으로 비정하고 냉혹한 세계와 인간들의 넘치는 욕망을 상기시킨다. 경쟁과 약육강식으로 구성된 인간 세계의 생리와는 달리 동물과 식물들은 더 많은 것을 욕망하지 않는다. 그것들은 단지 더불어 존재할 뿐이다. 인간만이 그들의 세계를 파괴하고, 구획한다. 구어체로 구성된 시들은 어떤 삶도 쉽게 분류되고 정의될 수 없다는 사실을 우회적으로 전달한다. "이 세상 모든 고양이는 다 옳다"(「빨간 넥타이를 맨 고양이는」)는 발언에서 '고양이'의 자리에 '인간'을 대입하여 "이 세상 모든 인간은 다 옳다"고 적어 본다면 어떠한가. 누구도 쉽게 동의하기 어려울 것이다. 이 곤혹스러움을 통과하며 우리는 묻게 된다. 인간들은 왜 타인과 세계를 망가뜨리면서도, 잘 산다고 착각하는가.

> 이 세상 모든 고양이는 다 옳다
> 내 고양이는 더욱 그렇고
>
> 뚱뚱한 고양이는 검은색,
> 날씬한 고양이는 성스러운 금색,
>
> 이분법적으로 부정과 긍정을 구분 짓기도 하지만
>
> 주술적인 고양이는 이집트의 고양이고
> 현실적인 고양이는 그리스 고양이라고 말하는 건
> 틀림없는 오해다
>
> 어느 틀로 규정지을 수 없는 고양이는
> 단 한 번도 피조물이 아니었다
> ―「빨간 넥타이를 맨 고양이는」 부분

인간이 타인과 세계를 망가뜨리는 것은 불안 때문이다. 더 많은 공간을 차지하고 더 많은 소비를 해야 만족하고, 더 많은 시선을 갈구한다. 또한, 소유할 수 없는 시간을 구획하면서 스스로 불안을 증폭시킨다. 삶의 시기를 구분하고 '소비와 욕망의 시간표'를 강요하는 식이다. 인간은 시간을 소유의 대상으로 착각하는 어리석음을 뒤늦게 자각한다. 모든 생은 멸(滅)한다는 자명한 사실을 망각할수록 인간은 쉽게 타락한다. 「그러고도 계절」에 등장하는 '로드킬 당한 개구리'가 표상하는 건 바로 이 세계의 인간이다. 인간의 삶은 "차바퀴에 서둘러 목숨을 내"주는 개구리와 다르지 않다.

> 자신의 삶을 통째로 내놓았다
> 대체 뭐가 그리 급하다고!
>
> 개구리는 외눈을 찡긋거리며
> 한적한 도로로 나왔다가
> 차바퀴에 서둘러 목숨을 내주었다
>
> 입 안이 너무 캄캄하다
>
> 바람도 이상하군 그래

너무 쌩쌩해

위안과 위로라는 감춰둔 꽃말로 춤추던 양귀비만
새빨갛다 못해 검붉어져서
곧장 앞으로 나아갔다

그 와중에 로드킬 없이 무사히 도로 건넌 개구리는
찰랑 채워진 무논에서
당 당 당 목 놓아 짝을 부르고
        —「그러고도 계절」부분

 죽음을 준비하고 맞이하는 자는 드물다. 삶은 대개 느닷없이 끝난다. 하지만 감각을 잠식한 욕망은 덧없는 운명을 잊게 만든다. 3부에 수록된 시들은 소멸하는 자들의 운명과 순환하는 계절을 교차시킨다. 시인은 "낮은 중심에 귀 기울이는 그림자"(「누운 그림자」)를 보면서 "부드러운 상호 작용"(「일방적 리뷰」)을 하는 "명랑했던 생명"(「쓰러졌다 일어선 봄」)을 얘기한다.

 봄비는 나무와 숲의 관계 같은 것

 서로의 부드러운 상호 작용 때문에 봄은 항상 돌아오고

발랄한 왈츠 같은 리듬에
찬비가 봄을 축이며 내린다

다양한 지구의 기울기는 23. 5도,

내 안경은 또 어디론가 출타 중,

뾰족 가시는
본래 속해 있던 것과 전혀 달라
작년에 나온 가시는 또 다른 새로움의
시작으로,

큰 짐승들조차 겁내지 않는
네 개의 새끼발톱으로 자신을 꿋꿋이 지켜낼 수 있다고
믿는 고양이도,
초록 줄기에 붙인 가시만으로 온 초록 세상을
지배하고 있다고 자만 떠는
붉은 장미도,

생각은 오로지
그들만의 일방적인 리뷰로

―「일방적 리뷰」 전문

　무구한 시간 앞에서 생은 한없이 초라하다. 초라할 수밖에 없는 생을 보내면서 인간만이 "내 밥줄로 타인 목숨"을 끊으려 하고, "타인 밥줄로 내 목숨이 끊어지지 않"기 위해서 몸부림친다. 다른 동물들 역시 마찬가지일 터이지만, 인간은 훨씬 빠르고 잔혹하게 타인을 해하고, 세계를 파괴한다. 인간이 "서로가 서로를 책임"(「밥줄」)지는 것을 외면할 때 파국의 속도는 훨씬 빨라질 수밖에 없다. "여기/반만 묻혀 있는 한 마리 노랑 고양이/죽어서야 제 몸 만지기를 허락했던/고양이는/외로워서 죽은 세계가/하도 외로워서"(「쓰러졌다 일어선 봄」) 죽은 고양이의 고독은, 욕망을 채우지 못한 채 죽어가는 인간의 운명과 겹쳐진다. 이 운명 앞에서 시인은 무력한 행위를 반복한다. 시적 주체들은 길 잃은 고양이에게 다정하게 말을 건네고, 피고 지는 꽃을 관찰하면서 생명이 안고 있는 힘을 기록한다.

　　가끔씩 찾아오는 그림자는 자못 불안하다

　　낮은 질문으로 섰다가 불온하게 다가온다

　　강요하지만 않는다면 말이야
　　예전에 그랬던 것처럼 버린 양심을 점령당해도

    문제되진 않을 것 같아

    다만 온실을 벗어나지 못한 어제의
    머뭇거림은 제 그림자로 들어가 맞바람으로
    다가올 필요는 있을 거 같다
    　　　　　　　　　　　　　—「누운 그림자」 부분

 시인이 기록하는 무력한 시는 어떤 의미를 지니는가. 우리는 이미 "은밀하고 치밀하게"(「정족의 시측」) 공존을 유지하는 자연의 습성을 잘 알고 있다. 그렇지만 생멸을 망각하는 속도도 훨씬 빨라졌다. 조금만 과거를 돌아봐도 생멸의 이치는 자명하지만, 욕망은 뒤를 돌아보지 말라고 유혹한다. "말하는 거미", "듣는 뻐꾸기"(「겹쳐지는 질문」)를 호명하는 김자흔의 시적 주체들은 이 유혹에 순응하지 않고 "고양이 눈동자"(「파닥파닥 독감」)를 바라본다. 고양이는 시적 주체의 눈동자를 보면서 "우리에게 필요한 것은 반성과 겸허함"(「뱀과 고양이 안부」)이라고 말을 건넨다. 시인이 사랑하는 것은 타락한 세계에서 소외된 존재들이다. 작고 초라하여 시야에 들어오지 않거나 무심히 지나치는 것들을 응시하면서 그 안에서 공존의 감각을 잃어버린 인간의 운명을 감지한다. 고양이와 뱀과 수탉이 말을 건네는 우화적인 시로 직조한 세계에서 인간은 지배하고 조정하는 위치를 독점하지 못한다. 시인은 대화체의 시어를 고수하면서 자연과 인간의 층위를 나란히 배치한다. 위계에서 벗어나면, 먼저 시각과 청각이 열린다. "세탁기 안에서 태어난 비둘기"(「토토의 천국」)와 "아지랑이 타오르는 찔레 숲의 가시덤불(「미안해진 봄」)이 보이고, 고양이의 독백이 들린다. 위계를 벗어나 감각을 열면 세상은 온갖 생명이 약동하는 "작란하는 라디오"를 청취하는 곳으로 바뀐다. 착시와 착란에 도취한 자들이 망가뜨린 세계가 무너지지 않는 이유는 약동하는 생명의 상호작용 덕분이다.

여기서 우리는 앞서 시인이 고양이를 소재로 삼은 시들로만 시집을 낸 이유를 알게 된다. 시인은 세상의 질서와 소음으로 비롯된 관성을 벗어나 이 세계에 공존하는 다른 존재에 자신의 모든 감각을 집중한다. 감각이 열리면서 고양이는 인간이 취향에 따라 선호하는 '애완동물'이 아니라 같은 세계에 공존하는 동등한 생명체가 된다. 이번 시집 『하염없이 낮잠』에서 시인의 감각은 더욱 확장된다. 소외된 생명을 응시하고 그것들의 움직임을 느끼는 일이야말로 파국에 직면한 인간이 지킬 윤리일 것이다.

시인동네 시인선 169

하염없이 낮잠
ⓒ 김자흔

초판 1쇄 인쇄	2022년 2월 15일
초판 1쇄 발행	2022년 2월 22일
지은이	김자흔
펴낸이	김석봉
디자인	헤이존
펴낸곳	문학의전당
출판등록	제448-251002012000043호
주소	충북 단양군 적성면 도곡파랑로 178
전화	043-421-1977
전자우편	sbpoem@naver.com

ISBN 979-11-5896-542-6 03810

*이 책의 판권은 지은이와 문학의전당에 있습니다.
*양측의 서면 동의 없는 무단 전재 및 복제를 금합니다.
*잘못 만들어진 책은 바꿔드립니다.